Impressum
Verlag: BABADADA GmbH, Nedderfeld 112 , 22529 Hamburg
Geschäftsführer / Verlagsleitung: Harald Hof
Druck: Books on Demand GmbH, In de Tarpen 42, 22848 Norderstedt

Imprint
Publisher: DADADADA GmbH, Nedderfeld 112 , 22529 Hamburg, Germany
Managing Director / Publishing direction: Harald Hof
Print: Books on Demand GmbH, In de Tarpen 42, 22848 Norderstedt

mokykla
school

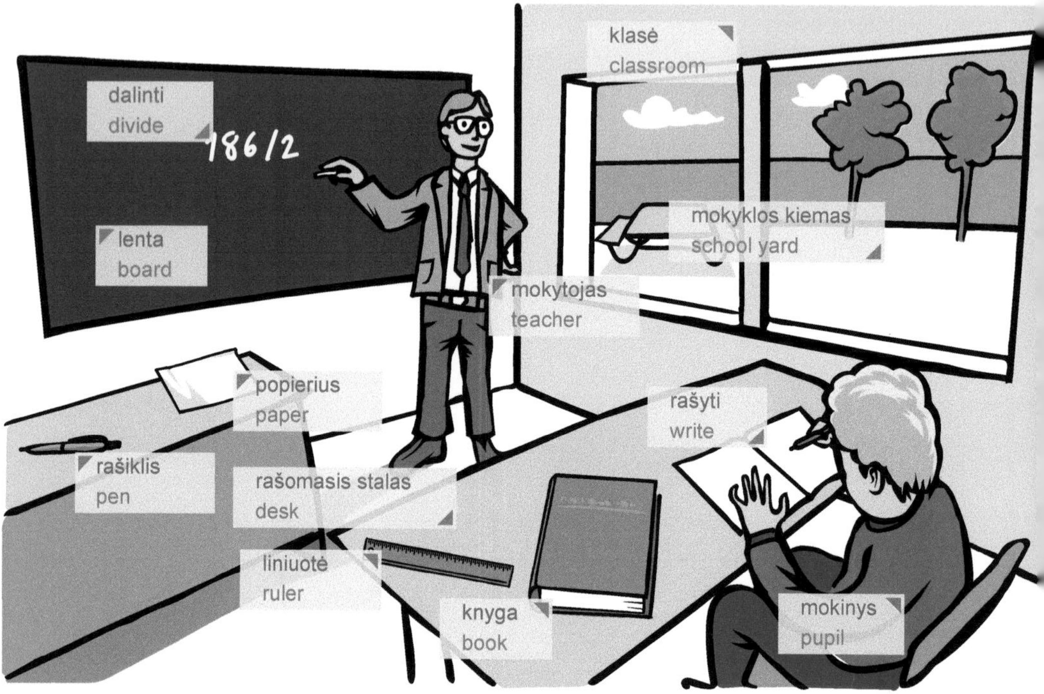

klasė
classroom
dalinti
divide
186/2
lenta
board
mokyklos kiemas
school yard
mokytojas
teacher
popierius
paper
rašyti
write
rašiklis
pen
rašomasis stalas
desk
liniuotė
ruler
knyga
book
mokinys
pupil

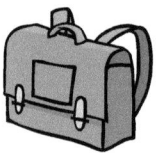

kuprinė
satchel

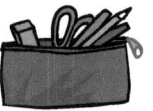

penalas
pencil case

pieštukas
pencil

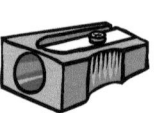

drožtukas
pencil sharpener

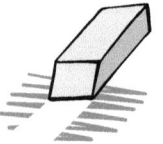

trintukas
rubber

piešimo bloknotas
drawing pad

piešinys

drawing

teptukas

paintbrush

dažų dėžutė

paint box

žirklės

scissors

klijai

glue

vadovėlis

exercise book

namų darbai

homework

numeris

number

pridėti

add

atimti

subtract

dauginti

multiply

skaičiuoti

calculate

raidė

letter

abėcėlė

alphabet

žodis

word

tekstas

text

skaityti

read

kreida

chalk

pamoka

lesson

dienynas

register

egzaminas

exam

pažymėjimas

certificate

mokyklinė uniforma

school uniform

išsilavinimas

education

enciklopedija

encyclopedia

universitetas

university

mikroskopas

microscope

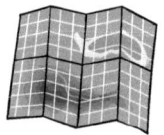

žemėlapis

map

šiukšliadėžė

waste-paper basket

kelionė
travel

viešbutis
hotel
Grand
svečių namai
hostel
ROOMS
valiutos keitykla
bureau de change
EXCHANGE
lagaminas
suitcase
mašina
car

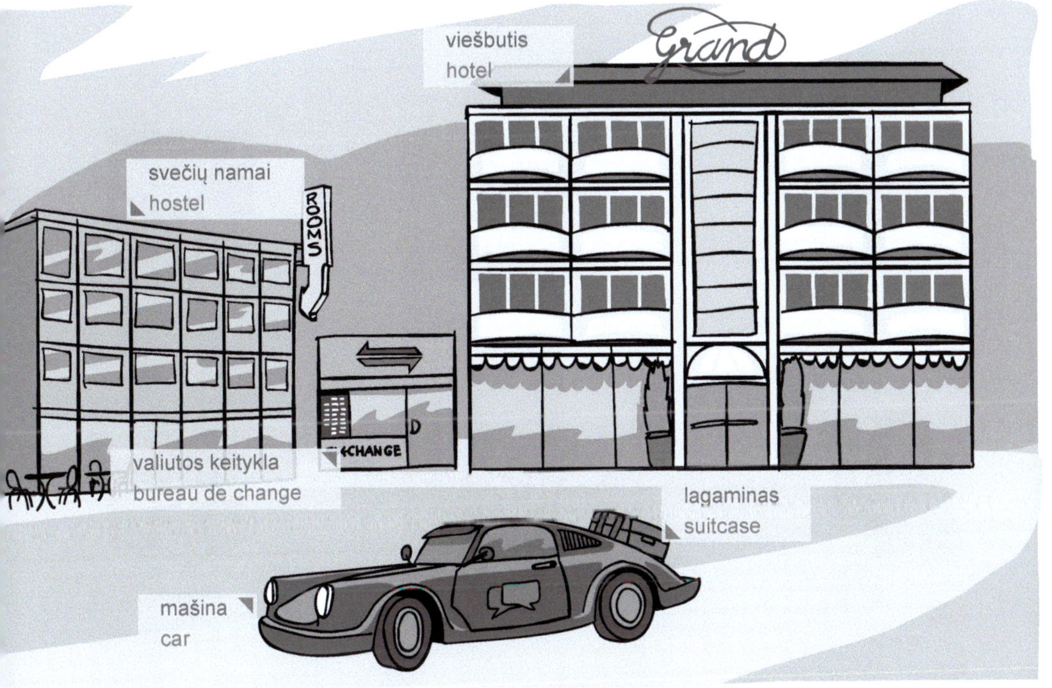

kalba

language

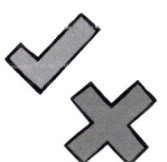

taip / ne

yes / no

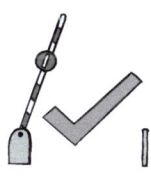

Gerai

Okay

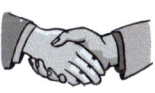

sveiki

hello

vertėjas raštu

translator

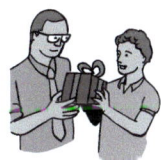

Ačiū

Thank you

kiek kainuoja...?

how much is...?

aš nesuprantu

I do not understand

problema

problem

Labas vakaras!

Good evening!

Labas rytas!

Good morning!

Labos nakties!

Good night!

viso gero

bye bye

kryptis

direction

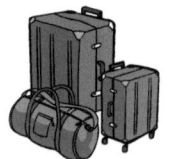

bagažas

luggage

krepšys

bag

kuprinė

backpack

svečias

guest

kambarys

room

miegmaišis

sleeping bag

palapinė

tent

turizmo informacija

tourist information

paplūdimys

beach

kreditinė kortelė

credit card

pusryčiai

breakfast

pietūs

lunch

vakarienė

dinner

bilietas

ticket

liftas

lift

pašto ženklas

stamp

siena

border

muitinė

customs

ambasada

embassy

viza

visa

pasas

passport

transportas
transport

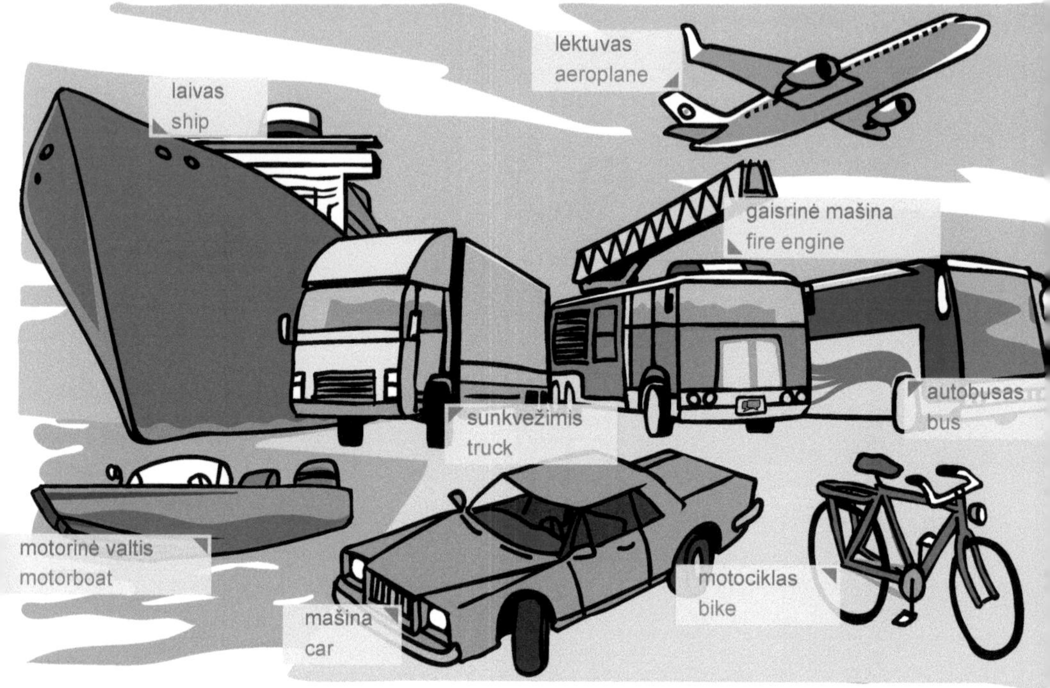
lėktuvas
aeroplane
laivas
ship
gaisrinė mašina
fire engine
autobusas
bus
sunkvežimis
truck
motorinė valtis
motorboat
motociklas
bike
mašina
car

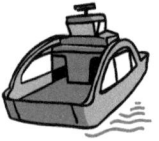

keltas
ferry

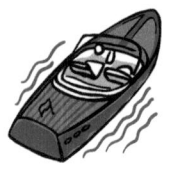

valtis
boat

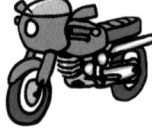

mopedas
motorbike

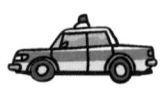

policijos automobilis
police car

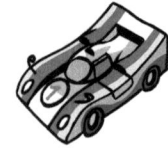

lenktyninis automobilis
racing car

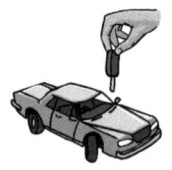

nuomojamas automobilis
rental car

bendras automobilio
naudojimas

car sharing

techninės pagalbos
automobilis

breakdown truck

šiukšliavežė

refuse truck

variklis

motor

degalai

fuel

degalinė

petrol station

kelio ženklas

traffic sign

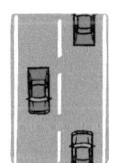

eismas

traffic

eismo spūstis

traffic jam

mašinų stovėjimo aikštelė

car park

traukinių stotis

train station

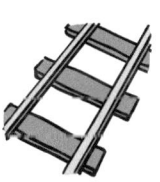

bėgiai

tracks

traukinys

train

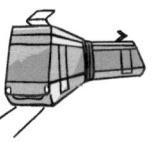

tramvajus

tram

vagonas

carriage

sraigtasparnis

helicopter

oro uostas

airport

bokštas

tower

keleivis

passenger

konteineris

container

dėžė

carton

vežimėlis

cart

krepšys

basket

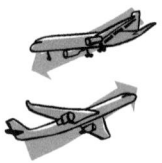

pakilti / nusileisti

take off / land

miestas
city

kaimas

village

miesto centras

city centre

namas

house

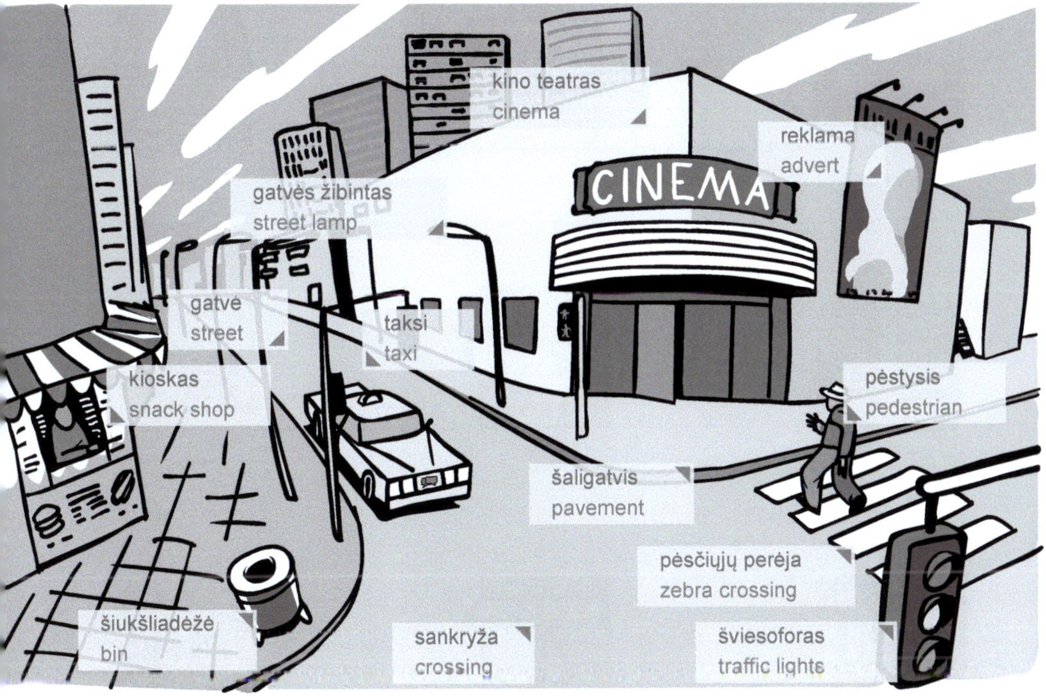

kino teatras
cinema

reklama
advert

gatvės žibintas
street lamp

CINEMA

gatvė
street

taksi
taxi

pėstysis
pedestrian

kioskas
snack shop

šaligatvis
pavement

pėsčiųjų perėja
zebra crossing

šiukšliadėžė
bin

sankryža
crossing

šviesoforas
traffic lights

trobelė

hut

butas

flat

traukinių stotis

train station

rotušė

town hall

muziejus

museum

mokykla

school

universitetas
university

bankas
bank

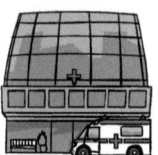

ligoninė
hospital

viešbutis
hotel

vaistinė
pharmacy

biuras
office

knygynas
book shop

parduotuvė
shop

gėlių parduotuvė
florist's

prekybos centras
supermarket

turgus
market

universalinė parduotuvė
department store

žuvies parduotuvė
fishmonger's

prekybos centras
shopping centre

uostas
harbour

parkas
park

suoliukas
bench

tiltas
bridge

laiptai
stairs

metro
underground

tunelis
tunnel

autobusų stotelė
bus stop

baras
bar

restoranas
restaurant

lauko pašto dėžutė
postbox

kelio ženklas
street sign

parkomatas
parking meter

zoologijos sodas
zoo

baseinas
swimming pool

mečetė
mosque

ūkininko ūkis

farm

tarša

pollution

kapinės

graveyard

bažnyčia

church

žaidimų aikštelė

playground

šventykla

temple

kraštovaizdis
landscape

lapas
leaf

kelio rodyklė
signpost

kelias
way

pieva
meadow

akmuo
stone

éjikas
hiker

medis
tree

upė
river

žolė
grass

gėlė
flower

slėnis

valley

kalva

hill

ežeras

lake

miškas

forest

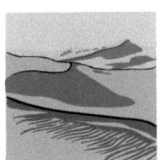

dykuma

desert

ugnikalnis

volcano

pilis

castle

vaivorykštė

rainbow

grybas

mushroom

palmė

palm tree

uodas

mosquito

musė

fly

skruzdėlė

ant

bitė

bee

voras

spider

vabalas

beetle

varlė

frog

voverė

squirrel

ežys

hedgehog

kiškis

hare

pelėda

owl

paukštis

bird

gulbė

swan

šernas

boar

elnias

deer

briedis

moose

užtvanka

dam

vėjo jėgainė

wind turbine

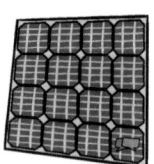

saulės baterija

solar panel

klimatas

climate

restoranas
restaurant

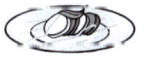

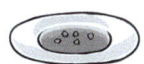

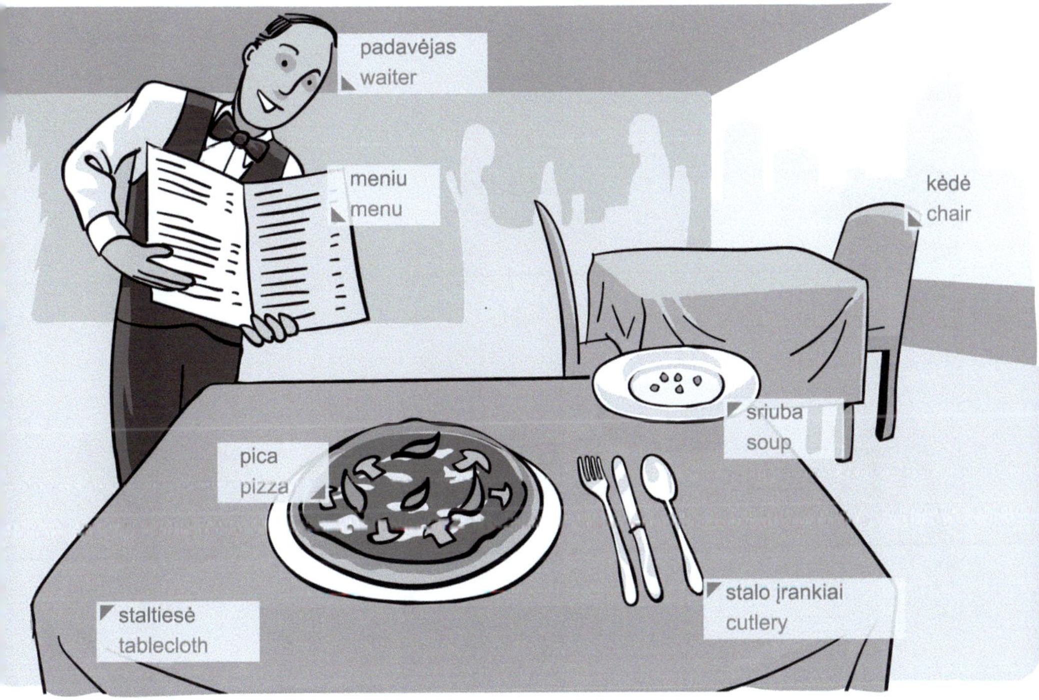

padavėjas
waiter
meniu
menu
kėdė
chair
sriuba
soup
pica
pizza
staltiesė
tablecloth
stalo įrankiai
cutlery

užkandis

starter

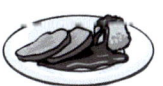

pagrindinis patiekalas

main course

desertas

dessert

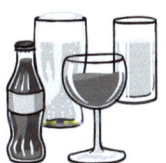

gėrimai

drinks

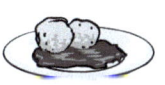

maistas

food

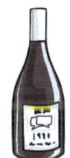

butelis

bottle

greitai pateikiamas maistas

fast food

gatvės maistas

street food

arbatinukas

teapot

cukrinė

sugar bowl

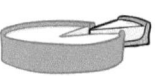

porcija

portion

espreso aparatas

espresso machine

aukšta kėdė

high chair

sąskaita

bill

padėklas

tray

peilis

knife

šakutė

fork

šaukštas

spoon

arbatinis šaukštelis

teaspoon

servetėlė

serviette

stiklinė

glass

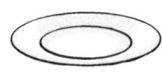

lėkštė

plate

sriubos lėkštė

soup plate

padėklas

saucer

padažas

sauce

druskinė

salt pot

pipirų malūnėlis

pepper mill

actas

vinegar

aliejus

oil

prieskoniai

spices

kečupas

ketchup

garstyčios

mustard

majonezas

mayonnaise

prekybos centras
supermarket

specialus pasiūlymas
special offer
FOR
pirkėjas
customer
pieno produktai
dairy
vaisiai
fruit
troleibusas
trolley

BUTCHERS

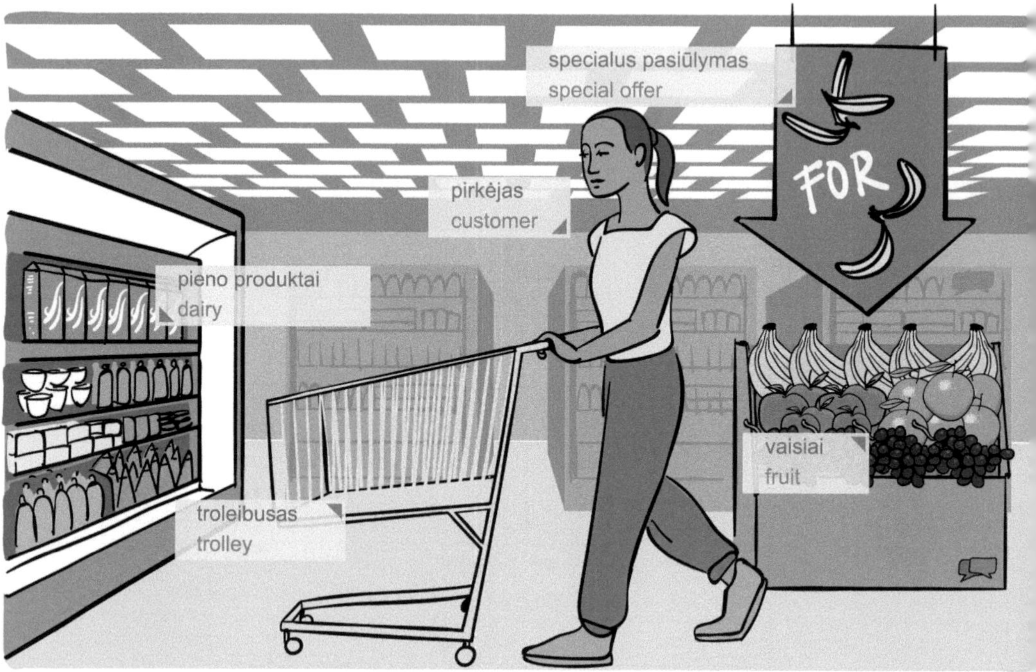

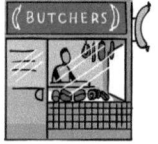

mėsos parduotuvė

butcher´s

BAKERY

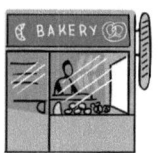

kepykla

baker´s

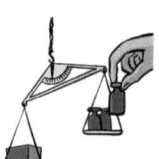

sverti

weigh

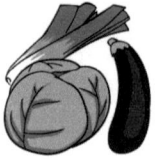

daržovės

vegetables

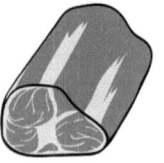

mėsa

meat

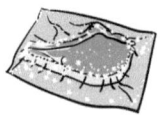

šaldytas maistas

frozen food

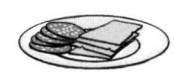

šalti mėsos užkandžiai

cold meat

konservai

tinned food

skalbimo milteliai

washing powder

saldumynai

sweets

ūkinės prekės

household products

valymo priemonės

cleaning products

pardavėja

salesperson

kasos aparatas

till

kasininkas

cashier

pirkinių sąrašas

shopping list

darbo valandos

opening hours

piniginė

wallet

kreditinė kortelė

credit card

maišelis

bag

plastikinis maišelis

plastic bag

vanduo

water

sultys

juice

pienas

milk

kola

coke

vynas

wine

alus

beer

alkoholis

alcohol

kakava

cocoa

arbata

tea

kava

coffee

espresas

espresso

kapučinas

cappuccino

bananas

banana

obuolys

apple

apelsinas

orange

arbūzas

melon

citrina

lemon

morka

carrot

česnakas

garlic

bambukas

bamboo

svogūnas

onion

grybas

mushroom

riešutai

nuts

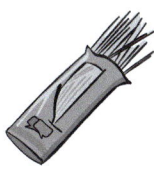

makaronai

noodles

spagečiai

spaghetti

ryžiai

rice

salotos

salad

traškučiai

chips

keptos bulvės

fried potatoes

pica

pizza

mėsainis

hamburger

sumuštinis

sandwich

pjausnys

cutlet

kumpis

ham

saliamis

salami

dešrelė

sausage

vištiena

chicken

kepsnys

roast

žuvis

fish

avižų dribsniai

porridge oats

dribsniai su priedais

muesli

kukurūzų dribsniai

cornflakes

miltai

flour

prancūziškasis ragelis

croissant

bandelė

bread roll

duona

bread

skrebutis

toast

sausainiai

biscuits

sviestas

butter

varškė

curd

tortas

cake

kiaušinis

egg

kiaušinienė

fried egg

sūris

cheese

ledai

ice cream

cukrus

sugar

medus

honey

uogienė

jam

tepamas šokoladas

chocolate spread

karis

curry

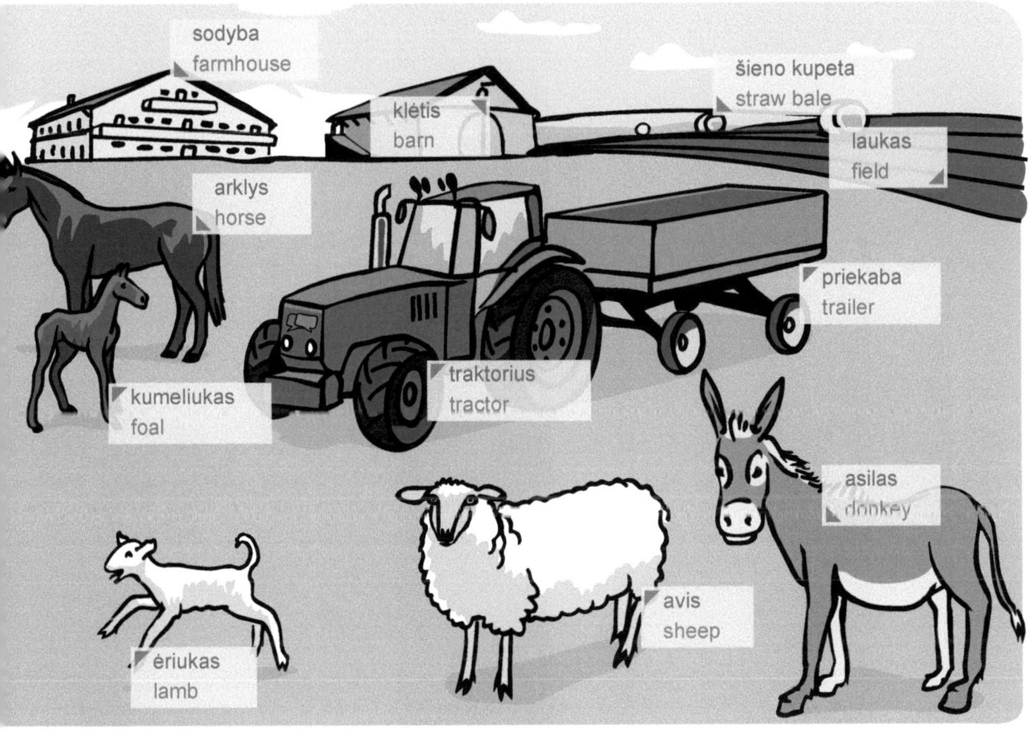

sodyba
farmhouse

šieno kupeta
straw bale

klėtis
barn

laukas
field

arklys
horse

priekaba
trailer

traktorius
tractor

kumeliukas
foal

asilas
donkey

avis
sheep

ėriukas
lamb

ožys

goat

karvė

cow

veršis

calf

klaulė

pig

paršelis

piglet

bullus

bull

žąsis

goose

antis

duck

viščiukas

chick

višta

hen

gaidys

cock

žiurkė

rat

katė

cat

pelė

mouse

jautis

ox

šuo

dog

šuns būda

doghouse

sodo namas

garden hose

laistytuvas

watering can

dalgis

scythe

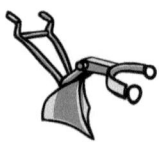

plūgas

plough

pjautuvas

sickle

kauptukas

hoe

šakės

pitchfork

kirvis

axe

statinė

wheelbarrow

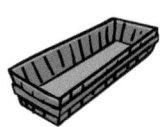

lovys

trough

bidonas

milk can

maišas

sack

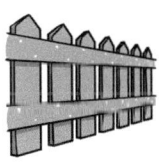

tvora

fence

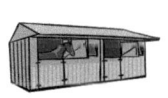

arklidė

stable

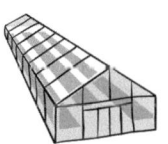

šiltnamis

greenhouse

dirva

soil

sėkla

seed

trąšos

fertilizer

kombainas

combine harvester

rinkti

harvest

derlius

harvest

saldžiosios bulvės

yams

kviečiai

wheat

soja

soy

bulvė

potato

kukurūzai

corn

rapsai

rapeseed

vaismedis

fruit tree

manijokas

cassava

grūdai

cereals

namas
house

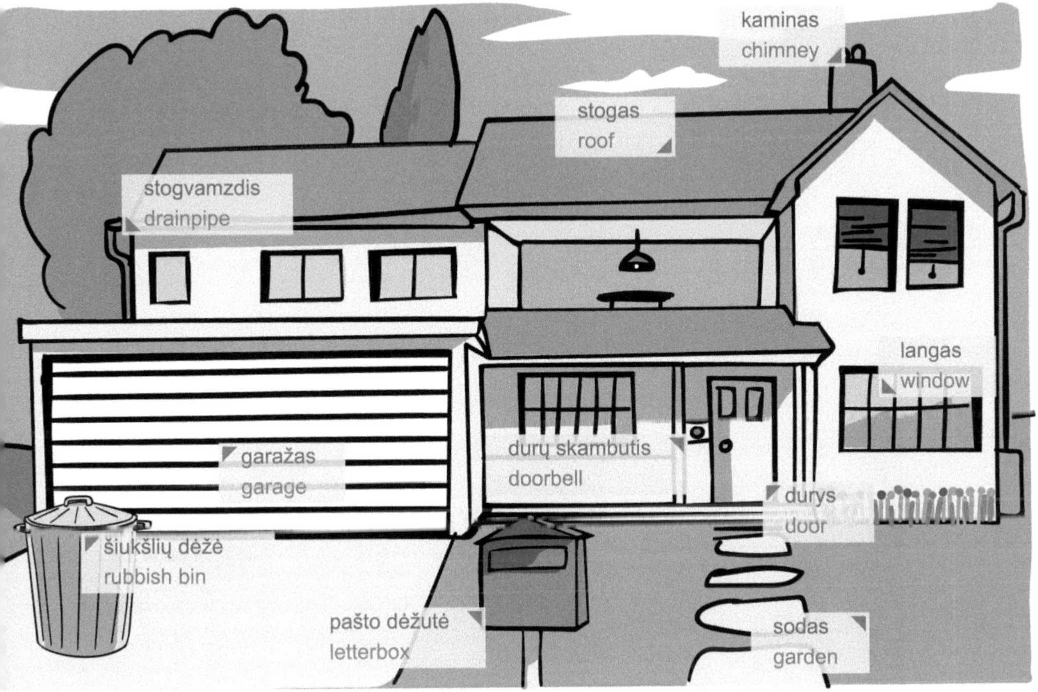

kaminas
chimney
stogas
roof
stogvamzdis
drainpipe
langas
window
garažas
garage
durų skambutis
doorbell
durys
door
šiukšlių dėžė
rubbish bin
pašto dėžutė
letterbox
sodas
garden

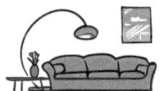

svetainė

living room

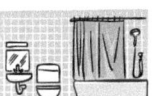

vonios kambarys

bathroom

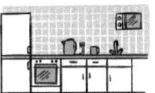

virtuvė

kitchen

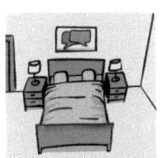

miegamasis

bedroom

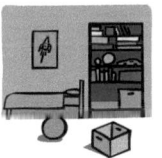

vaiko kambarys

child's room

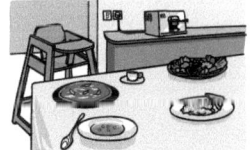

valgomasis

dining room

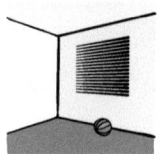

grindys

floor

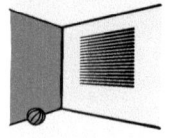

siena

wall

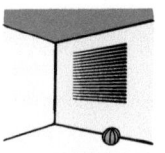

lubos

ceiling

rūsys

cellar

sauna

sauna

balkonas

balcony

terasa

terrace

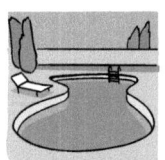

baseinas

pool

žoliapjovė

lawn mower

paklodė

sheet

lovatiesė

bedspread

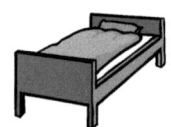

lova

bed

šluota

broom

kibiras

bucket

jungiklis

switch

svetainė
living room

tapetai
wallpaper
nuotrauka
picture
šviestuvas
lamp
lentyna
shelf
spintelė
cupboard
televizorius
television
židinys
fireplace
gėlė
flower
pagalvėlė
cushion
sofa
sofa
vaza
vase
nuotolinio valdymo pultelis
remote control

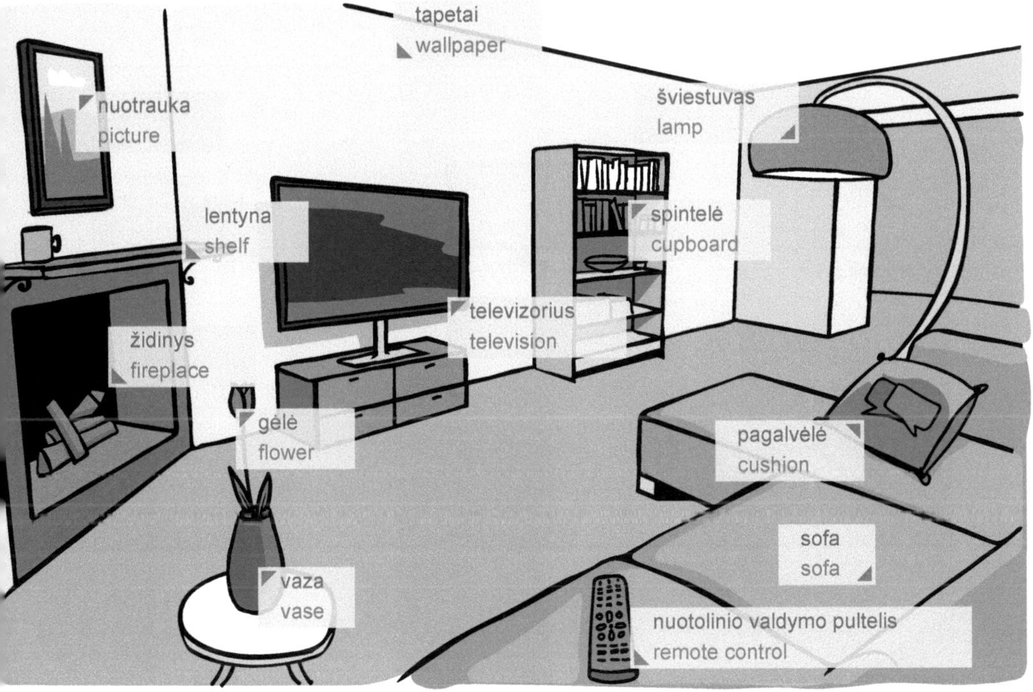

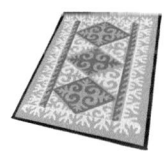

kilimas

carpet

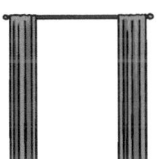

užuolaida

curtain

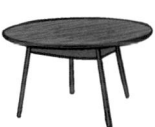

stalas

table

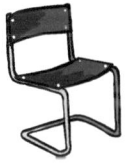

kėdė

chair

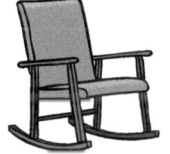

supamasis krėslas

rocking chair

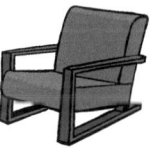

fotelis

armchair

knyga

book

antklodė

blanket

papuošimai

decoration

malkos

firewood

filmas

film

stereo aparatūra

hi-fi equipment

raktas

key

laikraštis

newspaper

paveikslas

painting

plakatas

poster

radijas

radio

užrašų knygelė

notepad

dulkių siurblys

hoover

kaktusas

cactus

žvakė

candle

virtuvė
kitchen

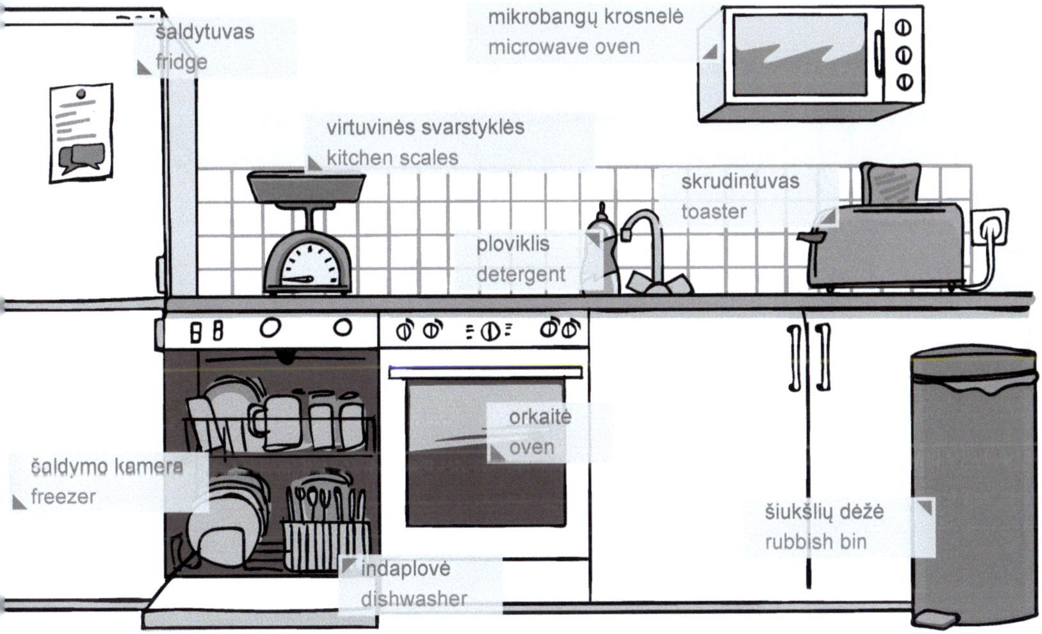

šaldytuvas
fridge
mikrobangų krosnelė
microwave oven
virtuvinės svarstyklės
kitchen scales
skrudintuvas
toaster
ploviklis
detergent
orkaitė
oven
šaldymo kamera
freezer
šiukšlių dėžė
rubbish bin
indaplovė
dishwasher

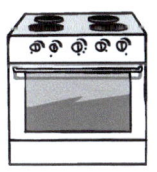

viryklė

cooker

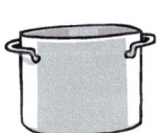

puodas

pot

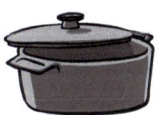

ketaus puodas

cast-iron pot

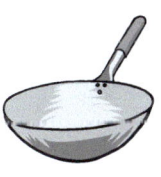

„wok“ keptuvė

wok / kadai

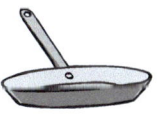

keptuvė

pan

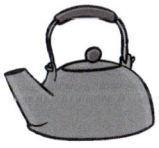

virdulys

kettle

garų puodas

steamer

kepimo skarda

baking tray

porceliano indai

crockery

puodelis

mug

dubuo

bowl

valgomosios lazdelės

chopsticks

samtis

ladle

mentelė

spatula

plaktuvas

whisk

koštuvas

strainer

sietas

sieve

trintuvė

grater

grūstuvė

mortar

kepsninė

barbecue

atvira liepsna

open fire

pjaustymo lentelė

chopping board

kočėlas

rolling pin

kamščiatraukis

corkscrew

skardinė

can

skardinių atidarytuvas

can opener

puodkėlė

pot holder

kriauklė

sink

šepetys

brush

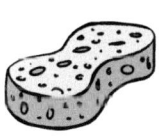

kempinė

sponge

trintuvas

blender

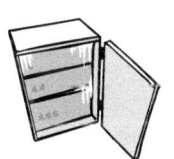

šaldiklis

deep freezer

kūdikių buteliukas

baby bottle

čiaupas

tap

vonios kambarys
bathroom

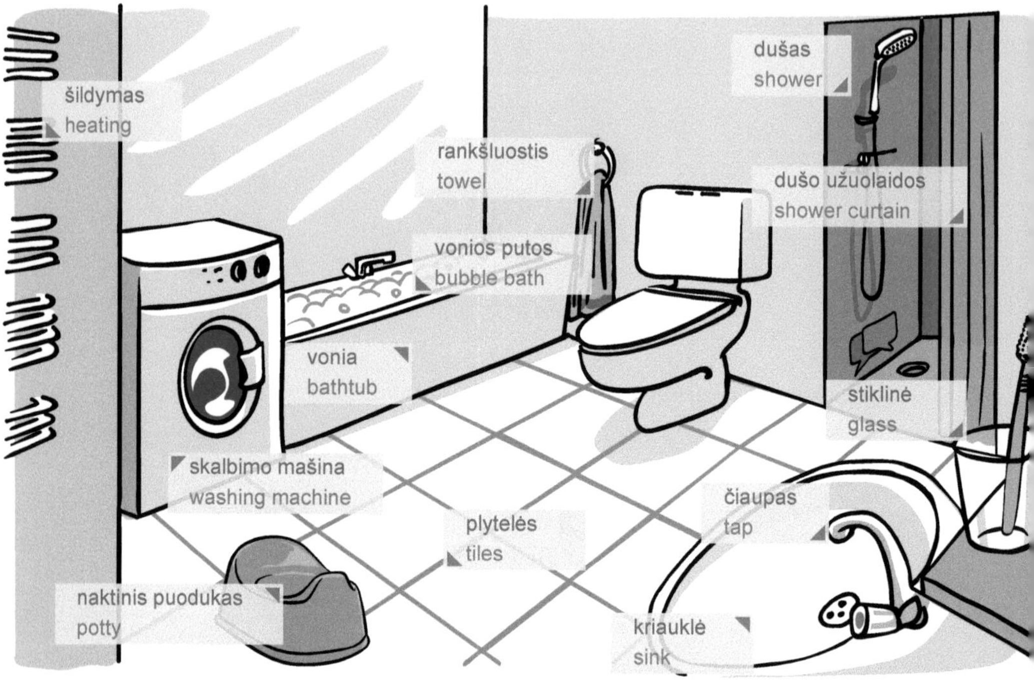

šildymas
heating
rankšluostis
towel
dušas
shower
dušo užuolaidos
shower curtain
vonios putos
bubble bath
vonia
bathtub
stiklinė
glass
skalbimo mašina
washing machine
čiaupas
tap
plytelės
tiles
naktinis puodukas
potty
kriauklė
sink

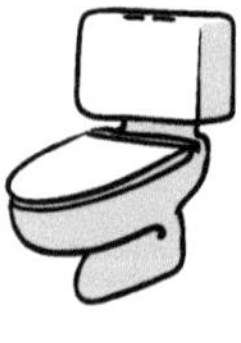

unitazas

toilet

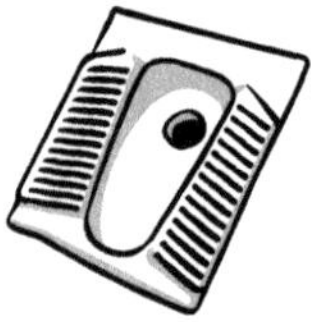

tupimasis unitazas

squat toilet

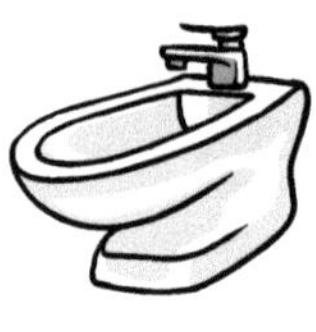

bidė

bidet

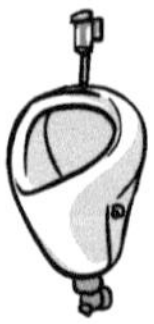

pisuaras

urinal

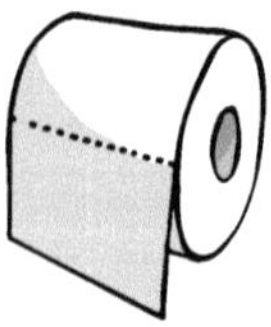

tualetinis popierius

toilet paper

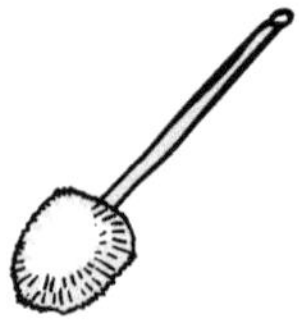

unitazo šepetys

toilet brush

dantų šepetėlis

toothbrush

dantų pasta

toothpaste

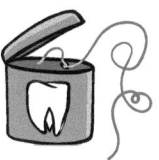

dantų siūlas

dental floss

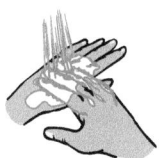

plauti

wash

dušo galvutė

handheld shower

higieninis dušas

douche

praustuvas

basin

nugaros plaušinė

back brush

muilas

soap

dušo želė

shower gel

šampūnas

shampoo

plaušinė

flannel

kanalizacija

drain

kremas

cream

dezodorantas

deodorant

veidrodis

mirror

veidrodėlis

hand mirror

skustuvas

razor

skutimosi putos

shaving foam

losjonas po skutimosi

aftershave

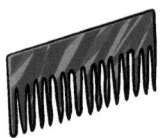

šukos

comb

šepetys

brush

plaukų džiovintuvas

hair dryer

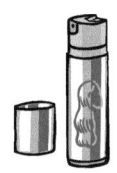

plaukų lakas

hairspray

makiažas

makeup

lūpdažis

lipstick

nagų lakas

nail varnish

vata

cotton wool

žirklutės nagams

nail scissors

kvepalai

perfume

maišelis skalbiniams

washbag

taburetė

stool

svarstyklės

weighing scale

chalatas

bathrobe

guminės pirštinės

rubber gloves

tamponas

tampon

higieninis įklotas

sanitary towel

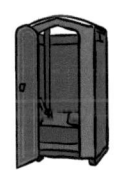

biotualetas

chemical toilet

vaiko kambarys
child's room

žadintuvas
alarm clock
pliušinis žaislas
cuddly toy
žaislinė mašinėlė
toy car
barškutis
rattle
lėlės namelis
doll's house
dovana
present

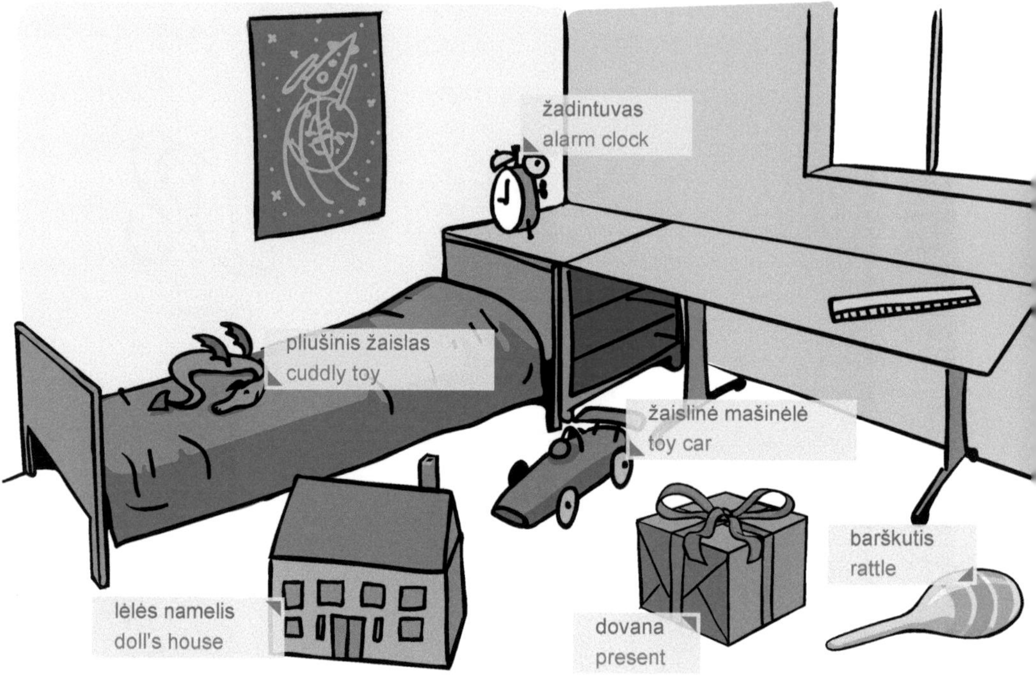

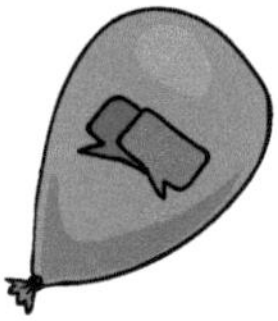

balionas

balloon

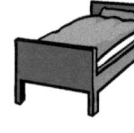

lova

bed

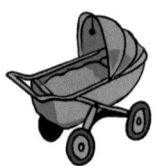

vaikiškas vežimėlis

pram

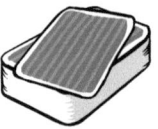

kortų malka

deck of cards

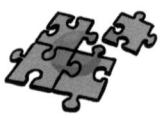

delionė

jigsaw

komiksai

comic

lego kaladėlės
lego bricks

žaislinės kaladėlės
building blocks

figūrėlė
action figure

šliaužtinukai
babygrow

mėtymo lėkštė
frisbee

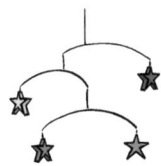

karuselė
mobile

stalo žaidimas
board game

kauliukai
dice

žaislinis traukinys
model train set

žindukas
dummy

vakarėlis
party

paveiksliukų knygelė
picture book

kamuolys
ball

lėlė
doll

žaisti
play

smėlio dėžė

sandpit

sūpynės

swing

žaislai

toys

žaidimų konsolė

video game console

triratukas

tricycle

meškiukas

teddy bear

drabužių spinta

wardrobe

drabužis

clothing

kojinės

socks

kojinės virš kelių

stockings

pėdkelnės

tights

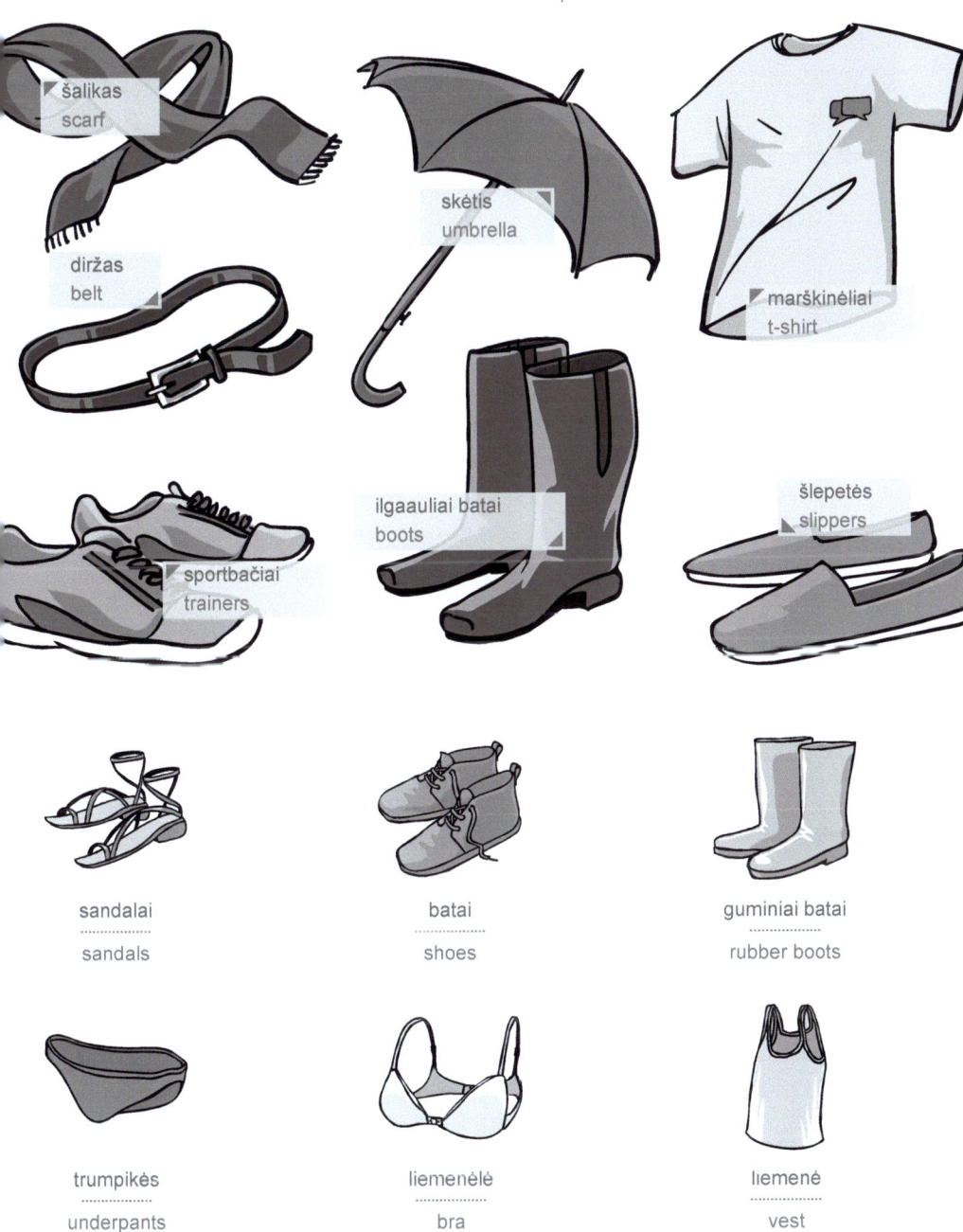

šalikas
scarf

diržas
belt

skėtis
umbrella

marškinėliai
t-shirt

sportbačiai
trainers

ilgaauliai batai
boots

šlepetės
slippers

sandalai
sandals

batai
shoes

guminiai batai
rubber boots

trumpikės
underpants

liemenėlė
bra

liemenė
vest

drabužis - clothing

45

glaustinukė

body

kelnės

trousers

džinsai

jeans

sijonas

skirt

palaidinė

blouse

marškiniai

shirt

megztinis

pullover

megztinis su gobtuvu

hoodie

švarkelis

blazer

švarkas

jacket

paltas

coat

lietpaltis

raincoat

kostiumas

costume

suknelė

dress

vestuvinė suknelė

wedding dress

kostiumas

suit

naktiniai marškiniai

nightgown

pižama

pyjamas

saris

sari

skarelė

headscarf

tiurbanas

turban

burka

burqa

kaftanas

kaftan

abaja

abaya

maudymosi kostiumėlis

swimsuit

glaudės

trunks

šortai

shorts

sportinis kostiumas

tracksuit

prijuostė

apron

pirštinės

gloves

saga

button

akiniai

glasses

apyrankė

bracelet

vėrinys

necklace

žiedas

ring

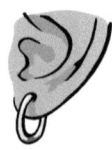

auskaras

earring

kepurė

cap

pakabas

coat hanger

skrybėlė

hat

kaklaraištis

tie

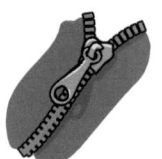

užtrauktukas

zip

šalmas

helmet

breketai

braces

mokyklinė uniforma

school uniform

uniforma

uniform

seilinukas
....
bib

žindukas
....
dummy

vystyklai
....
nappy

biuras
office

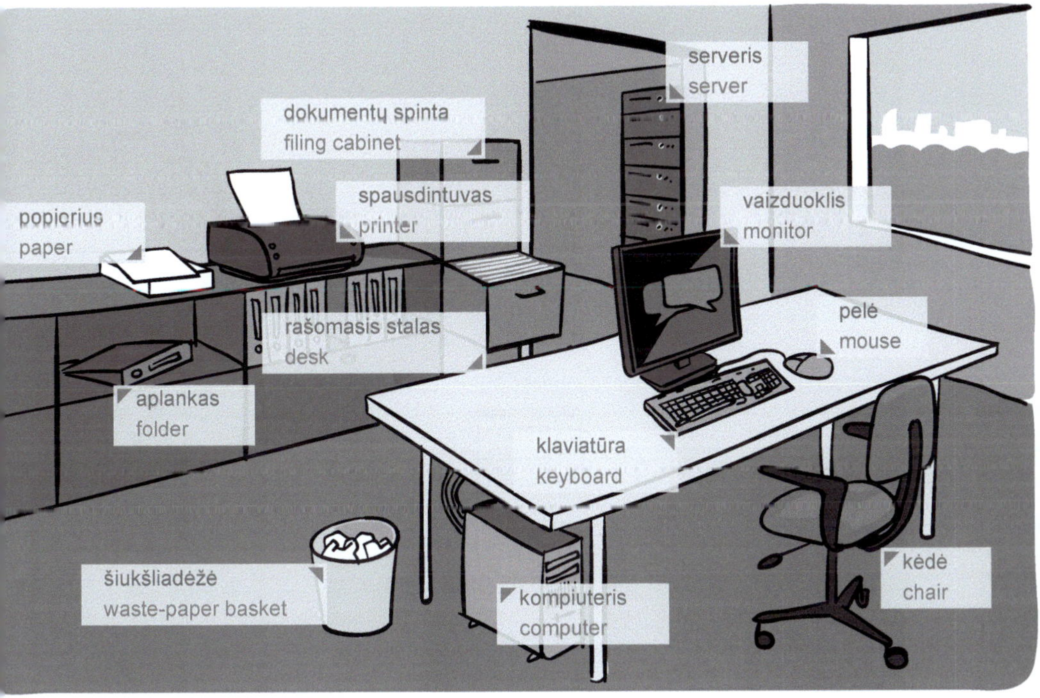

serveris
server

dokumentų spinta
filing cabinet

spausdintuvas
printer

popierius
paper

vaizduoklis
monitor

rašomasis stalas
desk

pelė
mouse

aplankas
folder

klaviatūra
keyboard

šiukšliadėžė
waste-paper basket

kėdė
chair

kompiuteris
computer

kavos puodelis
....
coffee mug

kalkuliatorius
....
calculator

internetas
....
internet

nešiojamasis kompiuteris

laptop

laiškas

letter

žinutė

message

mobilusis telefonas

mobile

tinklas

network

fotokopijavimo aparatas

photocopier

programinė įranga

software

telefonas

telephone

kištukinis lizdas

plug socket

faksas

fax machine

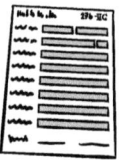

forma

form

dokumentas

document

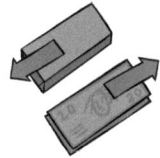

pirkti
buy

mokėti
pay

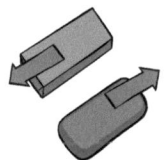

prekiauti
trade

pinigai
money

USD

doleris
dollar

EUR

euras
euro

JPY

jena
yen

RUB

rublis
rouble

CHF

Šveicarijos frankas
Swiss franc

CNY

juanis
renminbi yuan

INR

rupija
rupee

bankomatas
cashpoint

valiutos keitykla

bureau de change

auksas

gold

sidabras

silver

nafta

oil

energija

energy

kaina

price

sutartis

contract

mokestis

tax

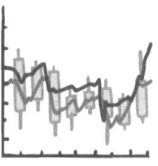

akcijos

stock

dirbti

work

darbuotojas

employee

darbdavys

employer

gamykla

factory

parduotuvė

shop

policininkas
police officer

ugniagesys
fireman

virėjas
cook

gydytojas
doctor

lakūnas
pilot

sodininkas

gardener

stalius

carpenter

siuvėja

seamstress

teisėjas

judge

chemikas

chemist

aktorius

actor

autobuso vairuotojas

bus driver

taksi vairuotojas

taxi driver

žvejys

fisherman

valytoja

cleaning lady

stogdengys

roofer

padavėjas

waiter

medžiotojas

hunter

dailininkas

painter

kepėjas

baker

elektrikas

electrician

statybininkas

builder

inžinierius

engineer

mėsininkas

butcher

santechnikas

plumber

paštininkas

postman

kareivis
soldier

architektas
architect

kasininkas
cashier

gėlininkas
florist

kirpėjas
hairdresser

konduktorius
conductor

mechanikas
mechanic

kapitonas
captain

odontologas
dentist

mokslininkas
scientist

rabinas
rabbi

imamas
imam

vienuolis
monk

kunigas
clergyman

įrankiai
tools

plaktukas
hammer
replės
pliers
atsuktuvas
screwdriver
raktas
spanner
suvirinimo apar
torch

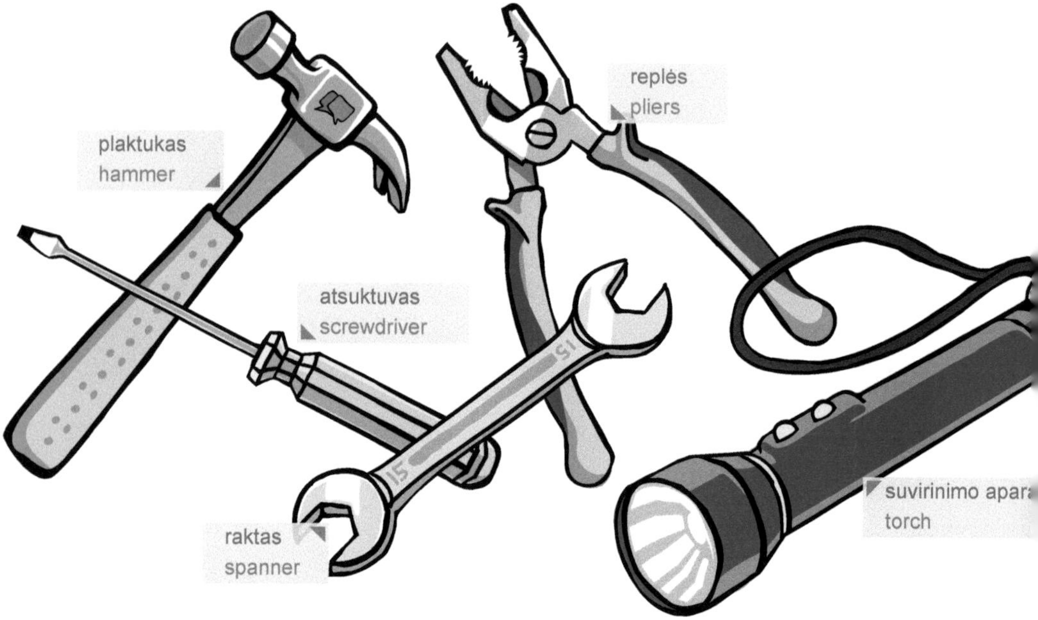

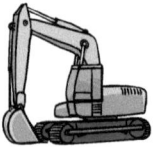

ekskavatorius

digger

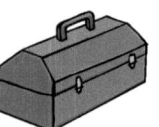

įrankių dėžė

toolbox

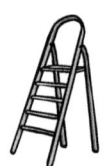

kopėčios

ladder

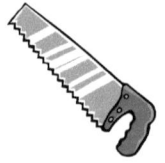

pjūklas

saw

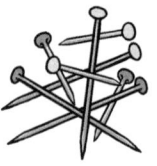

vinys

nails

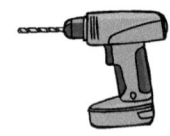

grąžtas

drill

taisyti

repair

kastuvas

shovel

Velniava!

Damn!

semtuvėlis

dustpan

dažų skardinė

paint pot

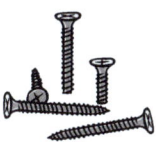

varžtai

screws

muzikos instrumentai
musical instruments

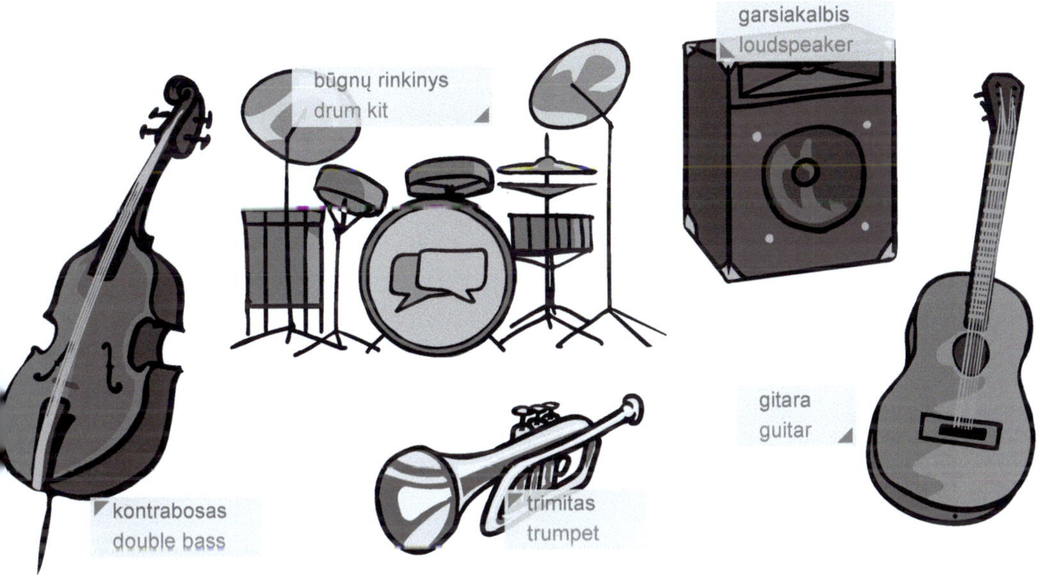

būgnų rinkinys
drum kit

garsiakalbis
loudspeaker

gitara
guitar

kontrabosas
double bass

trimitas
trumpet

pianinas

piano

smuikas

violin

bosinė gitara

bass

timpanas

timpani

būgnai

drums

sintezatorius

keyboard

saksofonas

saxophone

fleita

flute

mikrofonas

microphone

zoologijos sodas

zoo

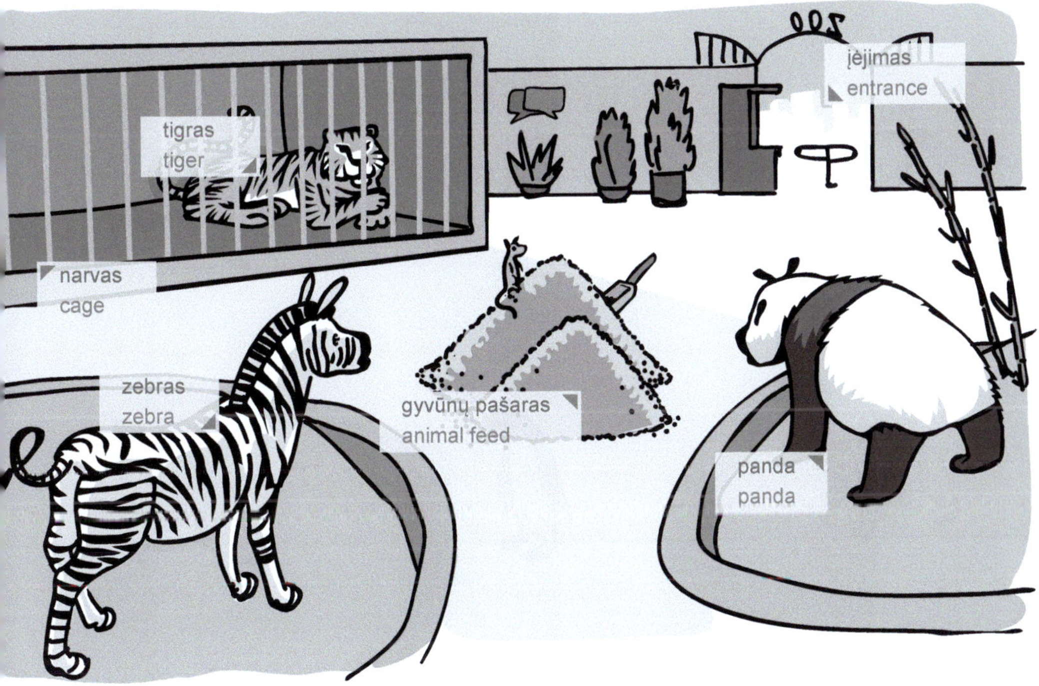

zoo
tigras
tiger
įėjimas
entrance
narvas
cage
zebras
zebra
gyvūnų pašaras
animal feed
panda
panda

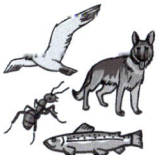

gyvūnai

animals

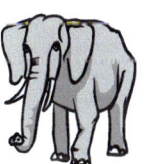

dramblys

elephant

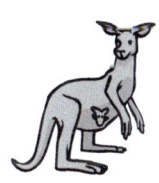

kengūra

kangaroo

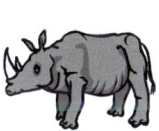

raganosis

rhino

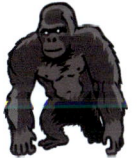

gorila

gorilla

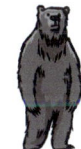

meška

bear

kupranugaris

camel

strutis

ostrich

liūtas

lion

beždžionė

monkey

flamingas

flamingo

papūga

parrot

baltoji meška

polar bear

pingvinas

penguin

ryklys

shark

povas

peacock

gyvatė

snake

krokodilas

crocodile

zoologijos sodo prižiūrėtojas

zookeeper

ruonis

seal

jaguaras

jaguar

ponis

pony

leopardas

leopard

begemotas

hippo

žirafa

giraffe

erelis

eagle

šernas

boar

žuvis

fish

vėžlys

turtle

vėplys

walrus

lapė

fox

gazelė

gazelle

amerikietiškas futbolas
American football

dviračių sportas
cycling

tenisas
tennis

krepšinis
basketball

plaukimas
swimming

boksas
boxing

ledo ritulys
ice hockey

futbolas
....
football

badmintonas
....
badminton

atletika
....
athletics

rankinis
....
handball

slidinėjimas
....
skiing

polas
....
polo

šokinėti / jump	apkabinti / hug	juoktis / laugh
		vaikščioti / walk
dainuoti / sing		
melstis / pray	bučiuoti / kiss	svajoti / dream

rašyti	piešti	rodyti
write	draw	show
stumti	duoti	imti
push	give	take

turėti

have

daryti

do

būti

be

stovėti

stand

bėgti

run

traukti

pull

mesti

throw

kristi

fall

meluoti

lie

laukti

wait

nešti

carry

sėdėti

sit

rengtis

get dressed

miegoti

sleep

pabusti

wake up

žiūrėti

look at

verkti

cry

glostyti

stroke

šukuoti

comb

kalbėti

talk

suprasti

understand

paklausti

ask

klausytis

listen

gerti

drink

valgyti

eat

tvarkytis

tidy up

mylėti

love

gaminti

cook

vairuoti

drive

skristi

fly

buriuoti

sail

skaičiuoti

calculate

skaityti

read

mokytis

learn

dirbti

work

vesti

marry

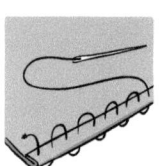

siūti

sew

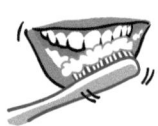

valytis dantis

brush teeth

žudyti

kill

rūkyti

smoke

siųsti

send

senelė
grandmother

senelis
grandfather

tėvas
father

motina
mother

kūdikis
baby

dukra
daughter

sūnus
son

svečias

guest

teta

aunt

dėdė

uncle

brolis

brother

sesuo

sister

kūnas
body

kakta
forehead
akis
eye
veidas
face
smakras
chin
krūtinė
breast
pirštas
finger
plaštaka
hand
ranka
arm
petys
shoulder
koja
leg

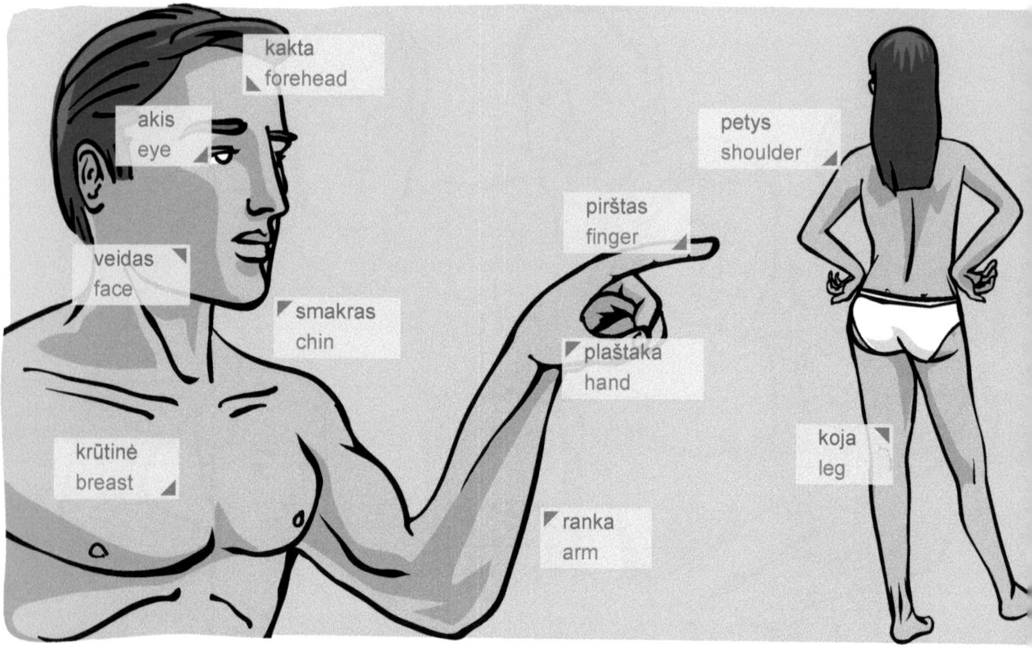

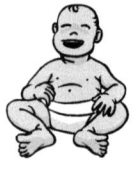

kūdikis

baby

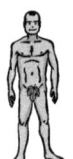

vyras

man

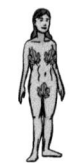

moteris

woman

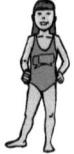

mergaitė

girl

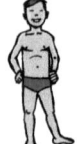

berniukas

boy

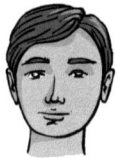

galva

head

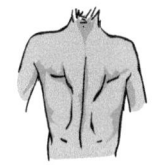

nugara

back

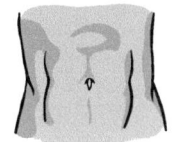

pilvas

belly

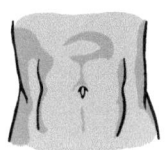

bamba

belly button

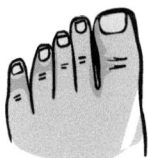

kojos pirštas

toe

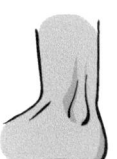

kulnas

heel

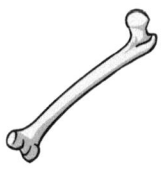

kaulas

bone

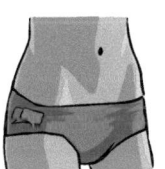

klubas

hip

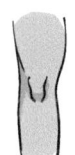

kelis

knee

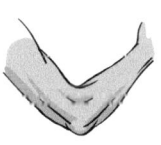

alkūnė

elbow

nosis

nose

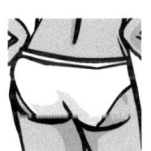

sėdmenys

bottom

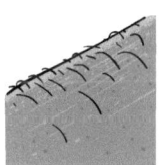

oda

skin

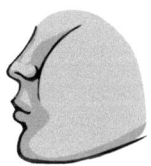

skruostas

cheek

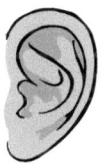

ausis

ear

lūpa

lip

burna

mouth

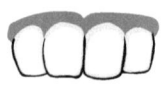

dantis

tooth

liežuvis

tongue

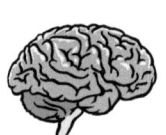

smegenys

brain

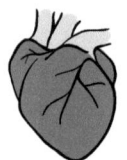

širdis

heart

raumuo

muscle

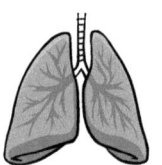

plaučiai

lung

kepenys

liver

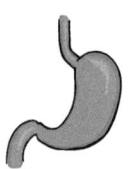

skrandis

stomach

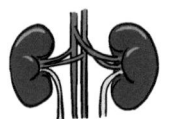

inkstai

kidneys

seksas

sex

prezervatyvas

condom

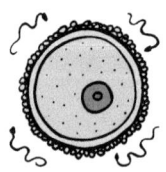

kiaušialąstė

ovum

sperma

semen

nėštumas

pregnancy

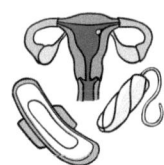

menstruacijos

menstruation

makštis

vagina

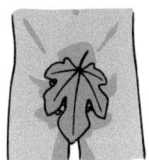

varpa

penis

antakis

eyebrow

plaukai

hair

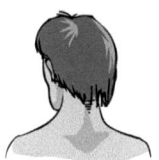

kaklas

neck

ligoninė
hospital

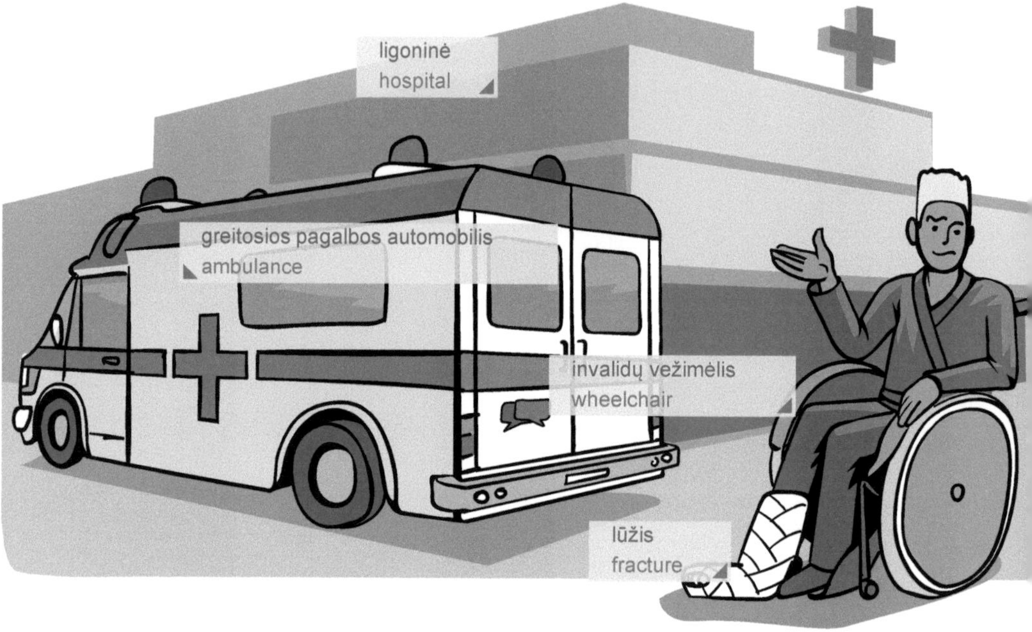

ligoninė
hospital
greitosios pagalbos automobilis
ambulance
invalidų vežimėlis
wheelchair
lūžis
fracture

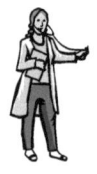

gydytojas
doctor

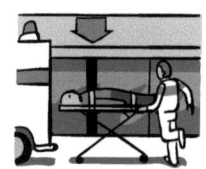

skubios pagalbos skyrius
emergency room

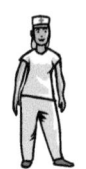

slaugytoja
nurse

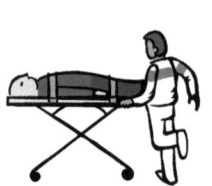

nelaimingas atsitikimas
emergency

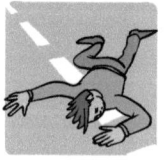

be sąmonės
unconscious

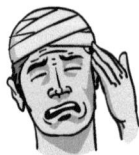

skausmas
pain

sužalojimas

injury

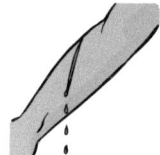

kraujavimas

bleeding

širdies smūgis

heart attack

insultas

stroke

alergija

allergy

kosulys

cough

karščiavimas

fever

gripas

flu

viduriavimas

diarrhoea

galvos skausmas

headache

vėžys

cancer

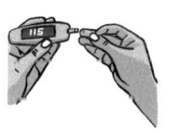

diabetas

diabetes

chirurgas

surgeon

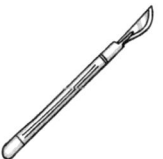

skalpelis

scalpel

operacija

operation

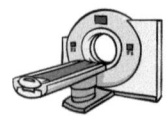

KT
CT

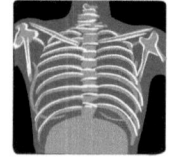

rentgenas
x-ray

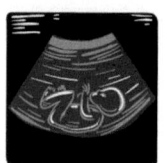

ultragarsas
ultrasound

veido kaukė
face mask

liga
disease

laukiamasis
waiting room

ramentas
crutch

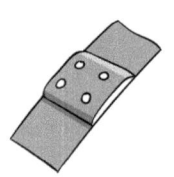

gipsas
plaster

tvarstis
bandage

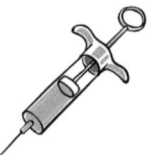

injekcija
injection

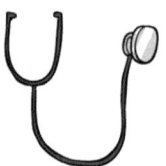

stetoskopas
stethoscope

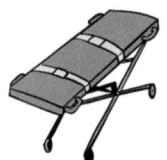

neštuvai
stretcher

termometras
clinical thermometer

gimimas
birth

antsvoris
overweight

klausos aparatas

hearing aid

dezinfekavimo priemonė

disinfectant

infekcija

infection

virusas

virus

ŽIV / AIDS

HIV / AIDS

vaistas

medicine

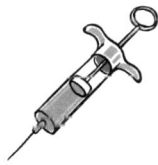

skiepijimas

vaccination

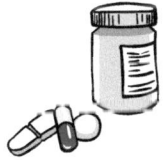

tabletės

tablets

piliulė

pill

skubios pagalbos numeris

emergency call

kraujospūdžio matuoklis

blood pressure monitor

ligotas / sveikas

ill / healthy

Padėkite!	pavojaus signalas	užpuolimas
Help!	alarm	assault
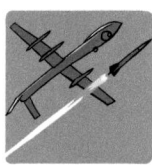		
ataka	pavojus	avarinis išėjimas
attack	danger	emergency exit

Gaisras!	gesintuvas	nelaimingas atsitikimas
Fire!	fire extinguisher	accident

pirmosios pagalbos rinkinys	SOS	policija
first-aid kit	SOS	police

Europa

Europe

Šiaurės Amerika

North America

Pietų Amerika

South America

Afrika

Africa

Azija

Asia

Australija

Australia

Atlanto vandenynas

Atlantic

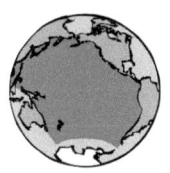

Ramusis vandenynas

Pacific

Indijos vandenynas

Indian Ocean

Pietų vandenynas

Antarctic Ocean

Arkties vandenynas

Arctic Ocean

Šiaurės ašigalis

North Pole

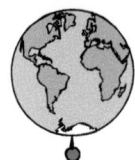

Pietų ašigalis

South Pole

Antarktida

Antarctica

Žemė

Earth

sausuma

land

jūra

sea

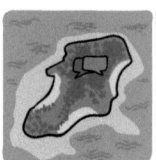

sala

island

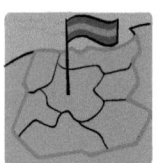

tauta

nation

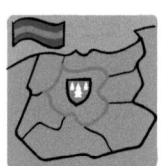

valstybė

state

ciferblatas

clock face

valandinė rodyklė

hour hand

minutinė rodyklė

minute hand

sekundinė rodyklė

second hand

Kiek valandų?

What time is it?

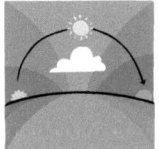

diena

day

laikas

time

dabar

now

skaitmeninis laikrodis

digital watch

minutė

minute

valanda

hour

savaitė
week

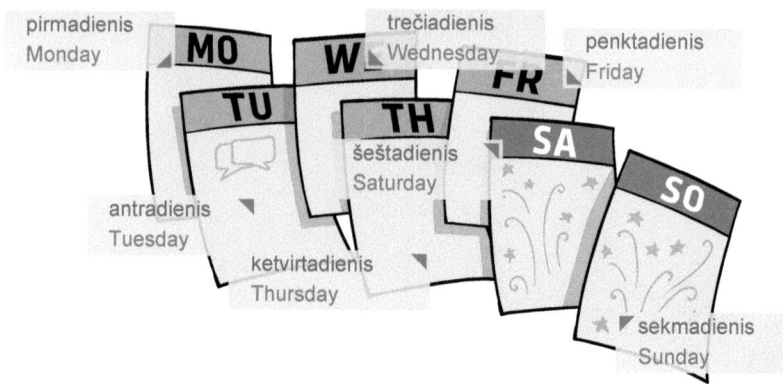

pirmadienis
Monday

antradienis
Tuesday

trečiadienis
Wednesday

ketvirtadienis
Thursday

penktadienis
Friday

šeštadienis
Saturday

sekmadienis
Sunday

vakar

yesterday

šiandien

today

rytoj

tomorrow

rytas

morning

vidurdienis

noon

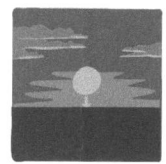

vakaras

evening

darbo dienos

business days

savaitgalis

weekend

vaivorykštė
rainbow

lietus
rain

sniegas
snow

vėjas
wind

pavasaris
spring

ruduo
autumn

vasara
summer

žiema
winter

4.APRIL	11°	☀
5.APRIL	4°	
6.APRIL	13°	
7.APRIL	8°	☀
8.APRIL	10°	☀

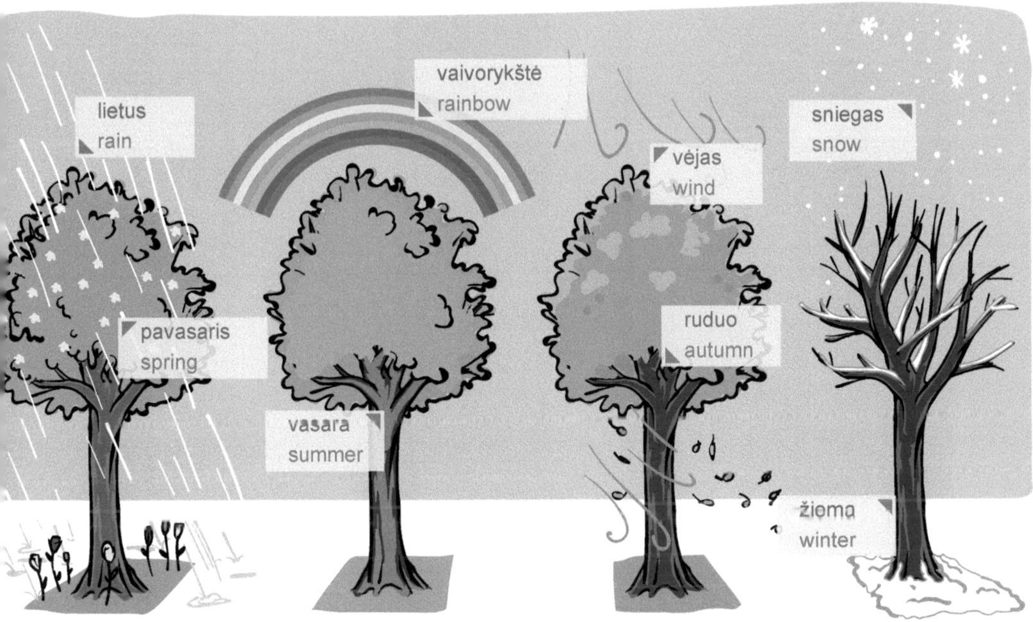

orų prognozė

weather forecast

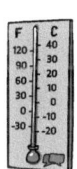

lauko termometras

thermometer

saulės šviesa

sunshine

debesis

cloud

rūkas

fog

drėgmė

humidity

žaibas

lightning

griaustinis

thunder

audra

storm

kruša

hail

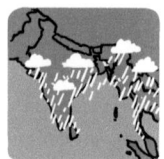

musonas

monsoon

potvynis

flood

ledas

ice

sausis

January

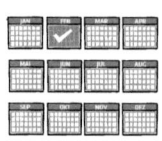

vasaris

February

kovas

March

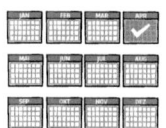

balandis

April

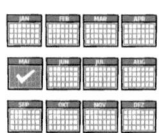

gegužė

May

birželis

June

liepa

July

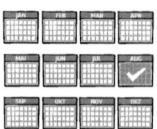

rugpjūtis

August

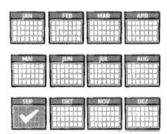

rugsėjis

September

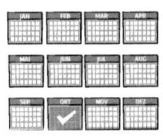

spalis

October

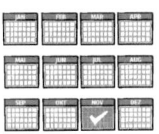

lapkritis

November

gruodis

December

formos

shapes

apskritimas

circle

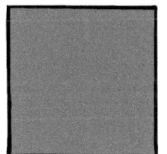

kvadratas

square

stačiakampis

rectangle

trikampis

triangle

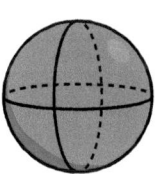

sfera

sphere

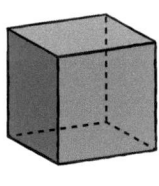

kubas

cube

spalvos
colours

balta

white

geltona

yellow

oranžinė

orange

rožinė

pink

raudona

red

violetinė

purple

mėlyna

blue

žalia

green

ruda

brown

pilka

grey

juoda

black

daug / mažai

a lot / a little

piktas / ramus

angry / calm

gražus / bjaurus

beautiful / ugly

pradžia / pabaiga

beginning / end

didelis / mažas

big / small

šviesus / tamsus

bright / dark

brolis / sesuo

brother / sister

švarus / purvinas

clean / dirty

užbaigtas / neužbaigtas

complete / incomplete

diena / naktis

day / night

miręs / gyvas

dead / alive

platus / siauras

wide / narrow

valgomas / nevalgomas

edible / inedible

piktas / malonus

evil / kind

linksmas / nuobodus

excited / bored

storas / plonas

fat / thin

pirmiausia / paskiausia

first / last

draugas / priešas

friend / enemy

pilnas / tuščias

full / empty

kietas / minkštas

hard / soft

sunkus / lengvas

heavy / light

alkis / troškulys

hunger / thirst

ligotas / sveikas

ill / healthy

nelegalus / legalus

illegal / legal

protingas / kvailas

intelligent / stupid

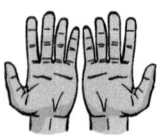

kairė / dešinė

left / right

arti / toli

near / far

naujas / naudotas

new / used

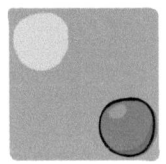

niekas / kažkas

nothing / something

senas / jaunas

old / young

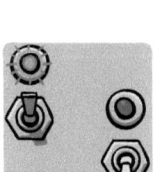

įjungta / išjungta

on / off

atidaryta / uždaryta

open / closed

tylus / garsus

quiet / loud

turtingas / vargšas

rich / poor

teisus / neteisus

right / wrong

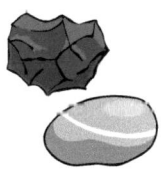

šiurkštus / švelnus

rough / smooth

liūdnas / laimingas

sad / happy

trumpas / ilgas

short / long

lėtas / greitas

slow / fast

drėgnas / sausas

wet / dry

šiltas / šaltas

warm / cool

karas / taika

war / peace

priešingos reikšmės žodžiai - opposites

skaičiai

numbers

0

nulis

zero

1

vienas

one

2

du

two

3

trys

three

4

keturi

four

5

penki

five

6

šeši

six

7

septyni

seven

8

aštuoni

eight

9

devyni

nine

10

dešimt

ten

11

vienuolika

eleven

12	**13**	**14**
dvylika	trylika	keturiolika
twelve	thirteen	fourteen
15	**16**	**17**
penkiolika	šešiolika	septyniolika
fifteen	sixteen	seventeen
18	**19**	**20**
aštuoniolika	devyniolika	dvidešimt
eighteen	nineteen	twenty
100	**1.000**	**1.000.000**
šimtas	tūkstantis	milijonas
hundred	thousand	million

anglų

English

amerikiečių anglų

American English

kinų (mandarinų)

Chinese Mandarin

hindi

Hindi

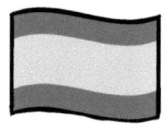

ispanų

Spanish

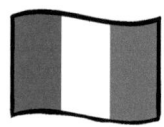

prancūzų

French

arabų

Arabic

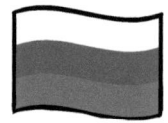

rusų

Russian

portugalų

Portuguese

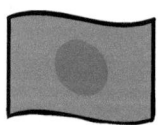

bengalų

Bengali

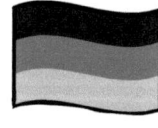

vokiečių

German

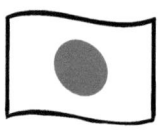

japonų

Japanese

aš

I

tu

you

jis / ji

he / she / it

mes

we

jūs

you

jie

they

kas?

who?

ką?

what?

kaip?

how?

kur?

where?

kada?

when?

vardas

name

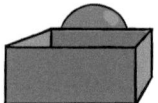

už
behind

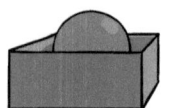

kur (vieta)
in

priešais
in front of

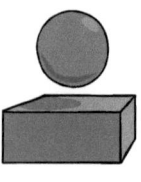

virš
over

ant
on

po
under

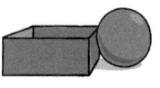

prie
beside

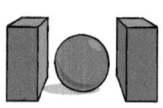

tarp
between

vieta
place